W0067849

Eva Scharnowski · Susanne Wicke

Nähen mit
JERSEY
RESTEN

Kreative Ideen aus wenig Stoff

SCHNIPSEL UND STÜCKCHEN – FÜR SCHMUCK UND TÜDELKRAM

FAT QUARTERS UND PATCHES – FÜR MÜTZEN, TÄSCHCHEN UND MEHR

GROSSE RESTE, GROSSE PROJEKTE – FÜR KLEIDER, SHIRTS & CO.

Wir nähen gern – für uns selbst, das Kind, den Partner, für die Freundin und die Wohnung.

Die Auswahl an Jerseystoffen ist gigantisch und wunderschön. Er lässt sich leicht verarbeiten und die Ergebnisse können sich sehen lassen. Anleitungen für T-Shirts, Hosen und Kleider gibt es überall und wir können stolz darauf sein, dass wir uns die Sachen nähen, die wir früher wohl eher gekauft, als selber gemacht hätten.

Und wenn der Stoff für das geplante Projekt zugeschnitten und verarbeitet ist, dann sind da noch die Stücke, die übrig bleiben, oder wir haben gleich ein bisschen mehr von dem schönen Jersey gekauft, denn es soll ja auf jeden Fall reichen.

Selbst die kleinsten Reste werden aufgehoben, denn zum Wegwerfen sind sie viel zu schade! Dann aber fristen sie ihr trauriges Dasein im Restekorb und werden doch nicht mehr verwendet...

NÄHEN MACHT GLÜCKLICH!

Das hat jetzt ein Ende! In diesem Buch präsentieren wir tolle Ideen, was sich aus den kleinen, vom Lieblingsstoff aufgehobenen Reststücken noch alles machen lässt. Es gibt einfache Projekte für kleine Stücke und schwierigere Modelle für Geübte. Täschchen, Kissen, Kuscheltiere, Accessoires und Kleidungsstücke, die nicht alltäglich sind und beim Abbau des Stoffbergs helfen.

Manchmal gehört ein wenig Mut dazu, aber auch Jerseys, die nicht ursprünglich füreinander bestimmt waren, können eine wunderbare Kombination ergeben!

Viel Spaß beim Ausprobieren!

Eva Scharnowski   *Susanne Wicke*

SCHNIPSEL UND STÜCKCHEN

FÜR SCHMUCK UND TÜDEL-KRAM

TRES CHIC!

SCHWIERIGKEITSGRAD 1

GRÖSSE

Länge: Kette ca. 50 cm,
Ohrringe ca. 10 cm

MATERIAL
KETTE

- Jersey in Staubrosa (Stoff A),
  80 cm x 10 cm
- Jersey in Staublila (Stoff B),
  80 cm x 10 cm
- Karosseriescheibe in Silber,
  ø außen 30 mm, ø innen 16 mm
- Magnetverschluss in Silber, 2 cm
- 4 Silberperlen mit Motiv, ø 10 mm
- Bastelkleber

OHRRINGE

- Jersey in Staubrosa (Stoff A),
  20 cm x 5 cm
- Jersey in Staublila (Stoff B),
  20 cm x 5 cm
- Baumwollkordel in Weiß, ø 2 mm,
  20 cm lang
- 2 Karosseriescheiben in Silber,
  ø außen 10 mm, ø innen 6 mm
- 2 Ohrhänger mit Kugel in Silber
- 12 Silberperlen mit Motiv,
  ø 10 mm
- Nähgarn in Rosa

ZUSCHNITT
KETTE

- ✂ Stoff A: 1x 80 cm x 1 cm,
  1x 30 cm x 1 cm
- ✂ Stoff B: 1x 80 cm x 1 cm,
  1x 30 cm x 1 cm

OHRRINGE

- ✂ Stoff A: 2x 20 cm x 1 cm,
  1x 5 cm x 1 cm
- ✂ Stoff B: 4x 20 cm x 1 cm

KETTE

1 Je einen langen Jerseystreifen jeder Farbe zur Hälfte legen. Durch die Karosseriescheibe fädeln und die Enden durch die entstehende Schlaufe zurück fädeln. Fest ziehen. Die anderen beiden langen Streifen ebenso an der Scheibe befestigen (siehe auch Skizze auf S. 10).

2 Die Enden der Streifen auf die exakt gleiche Länge kürzen und mit dem Kleber den Magnetverschluss anbringen.

3 Die kurzen Jerseystreifen wie bei Punkt 1 beschrieben an der unteren Seite der Karosseriescheibe befestigen und festziehen.

4 Die Perlen auf die unteren Enden der Jerseystreifen fädeln und mit einem Knoten fixieren.

SO WIRD'S GEMACHT

OHRRINGE

1 Die Baumwollkordel durch die Ohrhänger fädeln. Zwei lilafarbene und einen rosa Streifen nebeneinander legen und in der Mitte falten. Die Baumwollkordel am Knick verknoten.

2 Den kurzen Jerseystreifen in Rosa um die gefalteten Streifen legen und sie fest umwickeln. Dann mit einigen Stichen per Hand festnähen.

3 Die Perlen auf die unteren Enden der Jerseystreifen fädeln und mit einem Knoten fixieren.

4 Die Karosseriescheibe über den Ohrhaken fädeln.

WICKEL MICH!

SCHWIERIGKEITSGRAD 1

GRÖSSE
Länge Ring-Armband: ca. 80 cm
Umfang Armband „Love" und
„Endless": 17 cm

MATERIAL
ARMBAND „ENDLESS"
- Jersey in Lila, 140 cm x 3,5 cm
- Zwischenteil „liegende 8"
  in Silber 3,5 cm x 1,5 cm
- passendes Nähgarn

ARMBAND „LOVE"
- Jersey in Hellblau,
  140 cm x 2,5 cm
- Zwischenteil „Love" in Silber,
  3 cm x 8 mm
- passendes Nähgarn

RING-ARMBAND
- Jersey in Hellblau, 140 cm x 4 cm
- Karosseriescheibe in Silber,
  ø außen 30 mm, ø innen 16 mm
- passendes Nähgarn

ARMBAND ‚ENDLESS' UND ‚LOVE'

1 Den Jerseystreifen fest in die Länge ziehen, damit sich die Seiten einrollen. Jeweils ein Ende durch den Anhänger ziehen.

2 Die offenen Enden zusammennähen.

3 Den Anhänger in die Mitte schieben und das Armband mehrfach um das Handgelenk wickeln.

RING-ARMBAND

1 Den Jerseystreifen fest in die Länge ziehen, damit sich die Seiten einrollen. Bei einer Länge von etwa 30 cm eine Schlaufe legen. Diese durch die Karosseriescheibe ziehen, die Enden durch die Schlaufe legen und fest anziehen, siehe Skizze.

2 Das längere Ende des Streifens von oben durch die Scheibe stecken, über das durchgefädelte Band legen und wieder von unten durch die Scheibe fädeln. Nach unten durch die Schlaufe ziehen, sodass beide Streifen wieder parallel liegen.

SO WIRD'S GEMACHT

3 Die beiden losen Enden mit einigen Stichen aneinandernähen und die Scheibe in die Mitte schieben. Das Armband mehrfach um das Handgelenk wickeln.

TIPP

Die beiden offenen Enden können mit der Hand oder der Maschine aneinandergenäht werden. Sollte das Band zu eng sein, können Sie es durch festes Ziehen etwas weiten.

XL-COLLiERS

SCHWIERIGKEITS-
GRAD 2

GRÖSSE

Länge ca. 18 cm

MATERIAL
KETTE iN LILA

- Jersey in Staublila,
  10 cm x 140 cm
- Anhänger in Gold:
  Elefant 2,5 cm x 2 cm,
  2x Wunderlampe
  2 cm x 2 cm, 2x Herz
  1,2 cm x 1,2 cm
- Magnetverschluss,
  2 cm
- passendes Nähgarn
- Bastelkleber

KETTE iN GRAU

- Jersey in Blaugrau
  10 cm x 140 cm
- Münz-Anhänger
  in Silber mit Öse,
  ø 1,2 cm
- passendes Nähgarn
- Bastelkleber

ZUSCHNiTT
BEIDE KETTEN

- ✂ 3x 5 cm x 50 cm
- ✂ 1x 5 cm x 90 cm
- ✂ 2x 1 cm x 7 cm

1 Den langen Jerseystreifen auf die Arbeitsfläche legen. Die drei anderen Streifen bei etwa 30 cm mit einigen Stichen annähen.

2 Die vier Streifen 22 cm lang flechten, dabei schon etwas in die halbrunde Form legen, siehe Skizze: Zuerst Grün über Rot legen, dann Blau über Grün. Gelb unter Grün und über Blau. Dann Rot über Gelb, Grün unter Blau und über Rot.

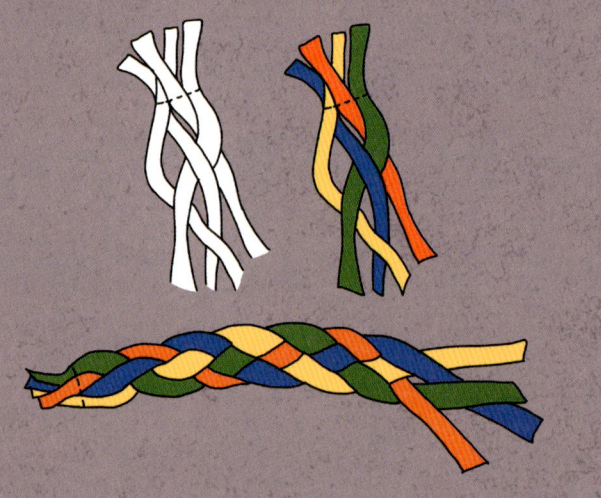

SO WIRD'S GEMACHT

3 Das Ende des geflochtenen Teils mit einigen Stichen per Hand fixieren. Die drei kürzeren überstehenden Streifen knapp abschneiden.

4 Die kleinen Streifen um die beiden Ansatzstellen wickeln und festnähen.

5 Die Anhänger mit doppeltem Faden an die untere Kante der Kette nähen.

6 Kette auf die gewünschte Länge kürzen und den Magnetverschluss anbringen.

7 Die Jerseystreifen in den Magnetverschluss drücken und mit etwas Kleber sichern. Für die graue Statement-Kette mit Münzen anstelle des Magnetverschlusses das Band im Nacken knoten.

INS KÖRBCHEN

SCHWIERIGKEITSGRAD 2

GRÖSSE

ca. 7 cm hoch, 10 cm Durchmesser

MATERIAL

- Jersey in Grau, 20 cm x 140 cm
- Jersey in Grau-marine gestreift, 20 cm x 140 cm
- Häkelnadel 10 mm
- Rollschneider
- Lineal
- Bastelkleber

ZUSCHNITT

- ✂ 8x Jerseystreifen in Grau, 2,5 cm breit
- ✂ 2x Jerseystreifen in Gestreift, 2,5 cm breit

1 Die schmalen Streifen lassen sich am besten mit einem langen Lineal und einem Rollschneider zuschneiden.

2 Die grauen Streifen mit dem Bastelkleber an den schmalen Seiten aneinanderkleben und gut trocknen lassen. Die beiden gestreiften Streifen ankleben. Das so entstandene Garn von der gestreiften Seite aus zu einem Knäuel aufwickeln.

3 Mit der Häkelnadel eine Schlaufe bilden und eine Luftmaschenkette mit 5 Maschen häkeln. Zum Ring schließen.

4 10 feste Maschen in den Ring häkeln. In der zweiten Runde in jede Masche zwei Maschen häkeln = 20 Maschen.

SO WiRD'S GEMACHT

5 Ab jetzt in jede Masche eine Masche häkeln, bis die fertige Größe des Körbchens erreicht oder das Garn aufgebraucht ist.

6 Am Ende der letzten Runde den überstehenden Faden durch die Schlaufen der letzten Masche ziehen.

7 Das Körbchen umstülpen und wenden.

8 Anfangs- und Endstreifen mithilfe der Häkelnadel durch einige Löcher ziehen und festknoten.

TIPP

Mit dem Anfangsfaden kann das in der Mitte entstehende Loch gestopft werden.

HANG AROUND

SCHWIERIGKEITS-GRAD 1

GRÖSSE

Länge
Schlüsselanhänger ca. 15 cm,
Schlüsselbänder ca. 70 cm

MATERIAL

SCHLÜSSELANHÄNGER ‚ZOPF'

- Jersey in Grau (Stoff A),
  50 cm x 5 cm
- Jersey in Staubhellblau
  (Stoff B), 50 cm x 5 cm
- Jersey in Dunkelblau
  (Stoff C), 50 cm x 5 cm
- Schlüsselring in Silber,
  ø 3 cm
- Bastelkleber

SCHLÜSSELANHÄNGER ‚EINFACH GEDREHT'

- Jersey in Grau,
  50 cm x 10 cm
- Schlüsselring in Silber,
  ø 3 cm

SCHLÜSSELBAND ‚ZOPF'

- Jersey in Grau (Stoff A),
  100 cm x 5 cm
- Jersey in Staubhellblau
  (Stoff B), 100 cm x 5 cm
- Jersey in Dunkelblau
  (Stoff C), 100 cm x 5 cm
- D-Öse mit Karabiner
- passendes Nähgarn

SCHLÜSSELBAND ‚EINFACH GEKNOTET'

- Jersey in Grau mit blauen
  Streifen, 70 cm x 3 cm
- D-Öse mit Karabiner
- Sicherheitsverschluss
- passendes Nähgarn

ZUSCHNITT

SCHLÜSSELANHÄNGER ‚ZOPF'

- ✂ Stoff A und C:
  je 1x 3 cm x 50 cm
- ✂ Stoff B: 1x 3 cm x 50 cm
  und 1x 1 cm x 5 cm

SCHLÜSSELANHÄNGER ‚EINFACH GEDREHT'

- ✂ 2x 50 cm x 5 cm

SCHLÜSSELBAND ‚ZOPF'

- ✂ Stoff A, B und C:
  je 1x 3 cm x 100 cm

SCHLÜSSELBAND ‚EINFACH GEKNOTET'

- ✂ 1x 3 cm x 70 cm

SCHLÜSSELANHÄNGER ‚ZOPF'

1 Die Jerseystreifen fest in die Länge ziehen, damit sich die Seiten einrollen. Durch den Schlüsselring fädeln.

2 Mit den jeweils doppelt liegenden Streifen einen Zopf flechten, bis dieser etwa 10-12 cm lang ist.

3 Zum Fixieren den kleinen Stoffstreifen aus Stoff B um das untere Ende des Zopfes wickeln und festkleben.

4 Die überstehenden Streifen auf die gleiche Länge zurückschneiden und in schmale Streifen schneiden.

SO WIRD'S GEMACHT

SCHLÜSSELANHÄNGER ‚EINFACH GEKNOTET'

1 Die Jerseystreifen durch den Schlüsselring fädeln.

2 In jede Hand ein Ende des Streifens nehmen und gegengleich eindrehen.

3 Dann beide Enden zusammennehmen und den Schlüsselring in die andere Richtung ziehen. Es entsteht eine Kordel. Das offene Ende verknoten.

SCHLÜSSELBAND 'ZOPF'

1 Die ersten 4-5 cm wird mit doppelten Fäden ein Zopf geflochen. Dann die doppelt gelegten Streifen vereinzeln und mit je drei Streifen beide Zöpfe bis zur gewünschten Länge flechten.

2 Zum Fixieren mit der Nähmaschine oder per Hand die beiden Zopfenden zusammennähen.

SCHLÜSSELBAND 'EINFACH GEKNOTET'

1 Den Jerseystreifen fest in die Länge ziehen, damit sich die Seiten einrollen. Durch die Öse fädeln und verknoten.

2 An den offenen Enden den Sicherheitsverschluss einfädeln und mit einigen Stichen festnähen.

TiPP

Das Schlüsselband mit dem Sicherheitsverschluss eignet sich besonders gut für „Schlüsselkinder".

VARIANTEN

Sie können die Schlüsselbänder nach Belieben weiter gestalten und z. B. mit Perlen verzieren oder Namen auffädeln.

FAT
QUARTERS
UND
PATCHES

FÜR MÜTZEN, TÄSCHCHEN UND MEHR

HERBSTFLIRT

SCHWIERIGKEITSGRAD 2

GRÖSSE
Umfang ca. 57 cm

MATERIAL
- Jersey in Graumelange gesteppt (Stoff A), 30 cm x 30 cm
- Jersey in Graumelange (Stoff B), 32 cm x 62 cm
- Bündchenstoff in Kobaltblau, 10 cm x 60 cm
- passendes Nähgarn

ZUSCHNITT
- ✂ Kopfteil: 1x aus Stoff A (im Stoffbruch)
- ✂ Seitenteil: 1x aus Stoff B (im Stoffbruch)
- ✂ Bündchenstoff: 1x 10 cm x 60 cm

NAHTZUGABEN
Im Schnittmuster ist bereits 1 cm NZG enthalten.

SCHNITTMUSTERBOGEN B

1 Die seitlichen Kanten am Seitenteil r-a-r heften und zusammennähen. Vier Scheitelpunkte am größeren Radius des Seitenteils markieren.

2 Am Kopfteil ebenso vier Scheitelpunkte markieren, das Seitenteil r-a-r an den Scheitelpunkten anheften und mit ein paar Stichen absteppen. Beim Zusammenheften zwischen den Scheitelpunkten die beiden Stofflagen von Seiten- und Kopfteil gleichmäßig ziehen. Nun Kopf- und Seitenteil zusammennähen.

3 Den Streifen aus Bündchenstoff an der kurzen Kante r-a-r zusammennähen. Anschließend den Bündchenring l-a-l in den Umbruch legen, sodass das Bündchen ca. 5 cm breit ist, und die offene Kante mit ein paar Handstichen zusammenheften. Ebenfalls vier Scheitelpunkte am Bündchen und der unteren Kante des Seitenteils markieren.

SO WiRD'S GEMACHT

4 Wie in Schritt 2 vorgehen und das Bündchen r-a-r an das Seitenteil nähen.

5 Zum Schluss die Nähte leicht ausbügeln.

TiPP

Das Kopfteil können Sie auch wie eine Torte vierteln oder achteln und auf diese Weise ganz kleine Jerseyreste verarbeiten – entweder ganz bunt oder Ton-in-Ton aus verschiedenen Jerseyqualitäten wie z. B. Nicki, Sweatstoff, Romanit, etc.

BEANIE

SCHWIERIGKEITSGRAD 1

GRÖSSE

Umfang ca. 57 cm

MATERIAL

- Jersey in Beige-rot-lurex geringelt (Stoff A), 25 cm x 60 cm
- Jersey in Türkis (Stoff B), 25 cm x 60 cm
- passendes Nähgarn

ZUSCHNITT

✂ je 1x Schnittteil aus Stoff A und B (im Stoffbruch)

SCHNITTMUSTER-BOGEN B

1 Die Seitennaht am Zuschnitt aus Stoff A r-a-r bis zur Spitze heften und zusammennähen. An der Seite des Stoffbruchs ebenfalls bis zur Spitze heften und zusammennähen.

2 Das Mützenteil r-a-r mit der Seitennaht auf den Stoffbruch legen. Beide Spitzen mittig zusammentreffen lassen und zusammenheften. Die Naht gleichmäßig heften und beim Zusammennähen darauf achten, dass die Nähte an der Spitze aufeinandertreffen.

3 Schritt 1 und 2 mit dem Zuschnitt aus Stoff B wiederholen. Achtung: Hier eine Wendeöffnung von ca. 5 cm an der Seitennaht offen lassen.

4 Nun beide Mützenteile r-a-r ineinander stülpen, an der unteren Kante zusammenheften und zusammennähen.

SO WIRD'S GEMACHT

5 Die Mütze wenden und die Wendeöffnung knappkantig zusteppen oder von Hand mit einigen Stichen schließen.

6 Abschließend den Mützenrand bügeln.

VARIANTE

An der Mützenspitze, wo alle vier Nähte zusammentreffen, können Sie eine Bommel aus einem Jerseyrest oder einen kleinen Anhänger mit einnähen. Aber achten Sie darauf, dass der Anhänger nicht zu schwer ist!

OHRMÜTZLI

SCHWIERIGKEITSGRAD 2

GRÖSSE

Kopfumfang 36 cm-40 cm/
40 cm-44 cm/44 cm-48 cm/
48 cm-52 cm

MATERIAL

- Jersey in Rosa (Stoff A),
  30 cm x 40 cm/30 cm x 45 cm/
  35 cm x 50 cm/35 cm x 60 cm
- Jersey in Creme (Stoff B),
  25 cm x 40 cm/25 cm x 45 cm/
  30 cm x 50 cm/30 cm x 60 cm
- etwas Füllwatte
- passendes Nähgarn

ZUSCHNITT

- ✂ Hinteres Mützenteil:
  2x Stoff A, 2x Stoff B
- ✂ Vorderes Mützenteil:
  1x Stoff A und 1x Stoff B
  (im Stoffbruch)
- ✂ Ohren: 2x Stoff A, 2x Stoff B
- ✂ Bindebänder: 2x Stoff A
  à 2,5 cm x 30 cm

NAHTZUGABEN

Mit 1 cm NZG zuschneiden.

SCHNITTMUSTER-
BOGEN A

1 Für die Ohren jeweils die Teile aus Stoff A und Stoff B r-a-r aufeinanderstecken und bis auf die gerade Kante (=Wendeöffnung) zusammennähen. Die Ohren wenden. Mit etwas Füllwatte ausstopfen und je Ohr eine Ziernaht im Geradstich steppen.

2 Für das hintere Mützenteil die hintere Mittelnaht bei Stoff A und Stoff B nähen. An Stoff B (=Futter) das vordere Mützenteil feststecken, die überschüssige Weite wird durch Dehnen gleichmäßig verteilt. Steppen und bügeln.

3 Die Ohren an das hintere Mützenteil aus Stoff A stecken, Stoff A liegt r-a-r, Stoff B zeigt nach oben. Vorderes Mützenteil auflegen, stecken und steppen.

4 Die beiden Mützenteile r-a-r aufeinanderstecken, das Bindeband an der schrägen Kante des vorderen Mützenteils dazwischenfassen. Alles zusammennähen und im Nacken eine ca. 8 cm große Wendeöffnung lassen.

SO WIRD'S GEMACHT

5 Die Mütze wenden und bügeln. Die Außenkante mit dem Kantennähfuß knappkantig steppen, die Wendeöffnung wird dabei mit geschlossen.

VARIANTE
Wenn Sie die Ohren weglassen, passt die Mütze unter den Fahrradhelm.

TIPP
Die kleinste Mützengröße passt auch auf Puppenköpfe!

PA-PU-PINGUIN

SCHWIERIGKEITSGRAD 3

GRÖSSE
ca. 40 cm

MATERIAL
- Jersey in Schwarz (Stoff A), 50 cm x 140 cm
- Jersey in Weiß (Stoff B), 45 cm x 40 cm
- Jerseyrest in Senfgelb
- Jerseyrest in Rot-Pink gestreift, 80 cm x 10 cm
- 2 Knöpfe in Schwarz, ø 1 cm
- passendes Nähgarn
- Füllwatte
- Sprühzeitkleber
- Kirschkernkissen, ca. 18 cm x 29 cm (ca. 600 g Kirschkerne)

ZUSCHNITT
- ✄ Körper: 2x Stoff A (im Stoffbruch)
- ✄ Bauch: 1x Stoff B (im Stoffbruch)
- ✄ Flügel: 2x Stoff A und 2x Stoff B
- ✄ Schnabel: 2x Jersey in Gelb
- ✄ Füße: 4x Jersey in Gelb
- ✄ Wärmflaschentasche Oberteil: 1x Stoff A (im Stoffbruch)
- ✄ Wärmflaschentasche Unterteil: 1x Stoff A (im Stoffbruch)

NAHTZUGABEN
Mit 1 cm NZG zuschneiden. Die Taschen für die Wärmflasche ohne NZG zuschneiden.

SCHNITTMUSTERBOGEN A

1 Für den Pinguin die Fußteile jeweils r-a-r aufeinanderstecken und bis auf die gerade Kante (= Wendeöffnung) zusammennähen. Die Füße wenden. Mit etwas Füllwatte ausstopfen und je Fuß zwei Ziernähte im Geradstich steppen.

2 Als nächstes die Schnabelteile r-a-r aufeinanderstecken und zusammennähen. Die Wendeöffnung bleibt offen. Die Nahtzugaben zurückschneiden und den Schnabel wenden. Bügeln und die Wendeöffnung von Hand schließen.

3 Für die Flügel je ein schwarzes und ein weißes Teil r-a-r aufeinanderstecken und zusammennähen. Wenden, bügeln, etwas Füllwatte einfüllen, die Wendeöffnung per Hand schließen und in der Mitte eine Ziernaht nähen.

4 Das weiße Bauchteil auf das schwarze Vorderteil applizieren: Die linke Seite der Applikation mit Sprühzeitkleber einsprühen und kurz antrocknen lassen. Auf das schwarze Pinguin-Vorderteil legen und mit einem Dreifach-Zickzackstich applizieren. Mit Geradstich den Schnabel annähen. Knöpfe als Augen annähen.

SO WIRD'S GEMACHT

5 Für die Wärmflaschentasche die geraden Kanten der beiden Taschenteile 1 cm nach innen umbügeln und mit einem Zierstich steppen. Beide Taschenteile l-a-r auf das Pinguin-Rückenteil legen und gut feststecken. Mit elastischen Stichen rundum annähen.

6 Das Vorderteil hinlegen, die Füße an den Markierungen anstecken, die Zehen zeigen nach oben. Nun das Rückenteil r-a-r auflegen, stecken und zusammensteppen. Die Nahtzugaben zurückschneiden und den Pinguin wenden.

7 Das Kirschkernkissen in den Pinguin legen und nach unten zu den Füßen schieben, den Rest mit Füllwatte ausstopfen. (Die Kirschkerne im Kissen halten die Wärme der Wärmflasche.)

8 Die Wendeöffnung von Hand schließen und die Flügel von Hand annähen.

9 Zum Schluss für den Schal den rot-pinken Jerseystreifen längs r-a-r legen und zum Schlauch nähen. Die kurzen Enden offen lassen. Den Schal wenden und die kurzen Enden 1 cm breit einschneiden, sodass Fransen entstehen.

WOLKE 7

SCHWIERIGKEITSGRAD 1

GRÖSSE

ca. 30 cm x 50 cm

MATERIAL

- Jersey in Natur mit grauen Wolken (Stoff A), 35 cm x 35 cm
- Jersey-Reste in Hellblau, Natur, Violett und Rot
- Baumwollkordel in Natur, ⌀ 2 mm, 2 m lang
- passendes Nähgarn
- Füllwatte
- Stopfnadel

ZUSCHNITT

- ✂ Wolke: 2x Stoff A (gegengleich)
- ✂ Tropfen groß: je 2x in Natur und Violett
- ✂ Tropfen klein: je 2x in Natur und Hellblau
- ✂ Herz: 2x in Rot

NAHTZUGABEN

Alle Teile mit 1 cm NZG zuschneiden.

SCHNITTMUSTERBOGEN A

1 Die Schnittteile für die Tropfen und das Herz jeweils r-a-r aufeinanderlegen und mit einem kleinen Geradstich, bis auf die Wendeöfnungen, zusammensteppen.

2 Die Nahtzugaben knapp zurückschneiden und an den Rundungen Knipse einschneiden, damit die Formen später schön ausgearbeitet werden können. Wenden, ausformen und mit Füllwatte ausstopfen. Die Öffnungen von Hand schließen.

3 Mit der Stopfnadel etwa 30 cm lange Stücken Baumwollkordel durch die Spitze der Tropfen und des Herzens fädeln und verknoten. Am anderen Ende der Kordel einen Knoten an die Stelle machen, die die endgültige Länge der hängenden Motive kennzeichnet.

4 Ein Wolkenteil mit der rechten Stoffseite nach oben auf die Arbeitsfläche legen. Die Motive an den Markierungen gemäß Schnittmuster auf die Wolke legen. Die Knoten liegen auf der Nahtzugabe, die Anhänger im Inneren der Wolke. Das zweite Wolkenteil mit der rechten Stoffseite nach unten auflegen und beide Teile zusammenstecken.

SO WIRD'S GEMACHT

5 Beide Wolkenteile zusammensteppen, dabei aber die Wendeöffnung gemäß Schnittmuster auslassen. Die Nahtzugabe zurückschneiden, in den Rundungen Knipse einschneiden und in den Spitzen die Nahtzugabe bis zur Naht einschneiden.

6 Nun die Wolke wenden. (Die Tropfen und das Herz hängen nach unten aus der Wolke heraus.) Mit Füllwatte ausstopfen und die Wendeöffnung mit einigen Handstichen schließen.

7 Zum Aufhängen ein 50 cm langes Stück Kordel mit der Stopfnadel durch die Wolke ziehen und verknoten.

TiPP
In die Wolke können Sie das Uhrwerk einer Spieluhr einarbeiten.

HÄSCHEN HÜPF

SCHWIERIGKEITSGRAD X

GRÖSSE

ca. 70 cm (inklusive Ohren)

MATERIAL

• Jersey in Blau-weiß geringelt
  (Stoff A), 32 cm x 105 cm
• Jersey in Rosa-grau geringelt
  (Stoff B), 20 cm x 15 cm
• 2 Knöpfe in Silber, ø 5 mm
  (Augen)
• Herzknopf in Rot (Schnauze)
• passendes Nähgarn
• Füllwatte, ca. 100 g

ZUSCHNITT

✂ Körper: 2x Stoff A
✂ Arme: 4x Stoff A
✂ Beine: 4x Stoff A
✂ Ohren: 2x Stoff A, 2x Stoff B

NAHTZUGABEN

Im Schnittmuster ist bereits 1 cm
NZG enthalten.

SCHNITTMUSTERBOGEN A

1 Für die Ohren je einen Zuschnitt aus Stoff A und B r-a-r heften und bis auf die untere Öffnung knappkantig zusammennähen. Wenden und mit Füllwatte ausstopfen.

2 Für die Arme je zwei Zuschnitte aus Stoff A r-a-r heften und bis auf die untere Öffnung knappkantig zusammennähen. Wenden und mit Füllwatte ausstopfen. Gemäß der Markierung am Schnittteil die Arme mittig quer absteppen.

3 Für die Beine je zwei Zuschnitte aus Stoff A r-a-r heften und bis auf die obere Öffnung knappkantig zusammennähen. Wenden und mit Füllwatte ausstopfen. Gemäß der Markierung am Schnittteil die Beine mittig quer absteppen.

4 Nun die Ohren, Arme und Beine nacheinander gemäß der Markierungen im Schnittmuster r-a-r an ein Körperteil heften und knappkantig annähen. Das anzunähende Teil liegt immer auf dem Zuschnitt für den Körper.

SO WIRD'S GEMACHT

5 Den zweiten Zuschnitt für den Körper r-a-r auf den Zuschnitt mit den angenähten Ohren, Armen und Beinen heften und rundherum zunähen bis auf eine Öffnung zwischen den Beinen. Dabei liegen alle Gliedmaßen und die Ohren zwischen den beiden Körperteilen. Die Nahtzugaben knapp zurückschneiden, den Körper wenden und mit Füllwatte ausstopfen.

6 Die Wendeöffnung mit Handstichen zunähen.

7 Als nächstes die Knöpfe für die Augen und die Nase gemäß Schnittmustermarkierung von Hand annähen.

8 Zum Schluss aus einem kleinen Rest von Stoff B einen kleinen Streifen schneiden und als Schal dem Stoffhasen umbinden.

VARIATIONEN
Arme, Beine oder Ohren können auch mit unterschiedlichen Stoffen gearbeitet werden.

LESEROLLE

SCHWIERIGKEITSGRAD 2

GRÖSSE

40 cm x 20 cm

MATERIAL

- Jersey mit Kaktusdruck (Stoff A), 22 cm x 60 cm
- Jersey in Rosa-grau geringelt (Stoff B), 12 cm x 60 cm
- Jersey in Grau-hellgrau geringelt (Stoff C), 12 cm x 60 cm
- Jersey in Grau (Stoff D), 20 cm x 40 cm
- Jersey in beliebiger Farbe (Stoff E), 60 cm x 60 cm
- Reißverschluss in Grau, 40 cm lang
- Styroporgranulat, ca. 150 g
- Vlieseline H180, 40 cm x 5 cm
- passendes Nähgarn

ZUSCHNITT

AUSSENHÜLLE

- ✂ Stoff A: 1x 22 cm x 60 cm (Mittelteil)
- ✂ Stoff B und C: je 1x 12 cm x 60 cm (Randstreifen)
- ✂ Stoff D: 2x Kreis ø 20 cm (Seitenteil)

FÜLLKISSEN

- ✂ Stoff E: 1x 42 cm x 60 cm (Mittelteil)
- ✂ 2x Kreis ø 20 cm (Seitenteil)

NAHTZUGABEN

Im Zuschnitt ist bereits 1 cm NZG enthalten.

1 Die langen Kanten der Seitenränder aus Stoff B und C r-a-r an das Mittelteil aus Stoff A heften und zusammennähen.

2 Die Vlieselinestreifen jeweils auf die linke Stoffseite der 40 cm langen Kanten des Mittelteils bügeln.

3 Den Reißverschluss r-a-r an die beiden Kanten heften und annähen.

4 An den beiden Seitenteilen aus Stoff D und dem Mittelteil jeweils die vier Scheitelpunkte markieren.

5 Ein Seitenteil r-a-r an das Mittelteil heften, sodass die Scheitelpunkte jeweils aufeinandertreffen, und die beiden Teile zusammennähen.

6 Schritt 5 mit dem zweiten Seitenteil wiederholen.

7 Für das Füllkissen den Zuschnitt für das Mittelteil aus Stoff E an der kurzen Kante r-a-r zusammennähen und dabei eine Füllöffnung von ca. 15 cm offen lassen.

SO WiRD'S GEMACHT

8 Die Seitenteile wie in Schritt 4 und 5 beschrieben an das Mittelteil nähen.

9 Das Kissen mit Styroporgranulat füllen und die Öffnung mit kleinen Handstichen schließen.

10 Zum Schluss das Füllkissen in die Hülle für die Nackenrolle einziehen und den Reißverschluss schließen.

TIPP

Nähen Sie das Mittelteil beliebig aus Jerseystücken zusammen. So können Sie noch kleinere Reste verarbeiten.

ALLES DABEI

SCHWIERIGKEITSGRAD 2

GRÖSSE

16 cm x 20 cm x 8 cm

MATERIAL

- Jersey in Grün (Stoff A),
  60 cm x 35 cm
- Jersey mit Zitronendruck
  (Stoff B), 60 cm x 35 cm
- Vlieseline H 250, 60 cm x 70 cm
- Style Vil 10, 30 cm x 35 cm
- Druckknopf in Dunkelblau,
  ø 12 mm
- Textilsprühkleber
- passendes Nähgarn

ZUSCHNITT

- ✂ Vorderteil: 1x Stoff A,
  1x Stoff B, 1x Style Vil 10,
  2x Vlieseline
- ✂ Rückteil: 1x Stoff A, 1x Stoff B,
  1x Style Vil 10, 2x Vlieseline

NAHTZUGABEN

Im Schnittmuster ist bereits 1 cm
NZG enthalten.

SCHNITTMUSTERBOGEN B

1 Die Vlieseline-Zuschnitte jeweils auf die linken Stoffseiten der Vorder- und Rückteile aus Stoff A und B bügeln.

2 Style Vil 10 auf der linken Stoffseite von Vorder- und Rückteil aus Stoff A mit Textilsprühkleber fixieren.

3 Nun Vorder- und Rückteil aus Stoff A zusammen mit Style Vil 10 r-a-r heften und knappkantig die Seitenkanten und die Unterkante zusammennähen. Die Nahtzugaben des Style Vil 10 knapp zurückschneiden.

4 Für die Bodenkanten jeweils die Seitennaht und die untere Naht aufeinandertreffend r-a-r zusammenheften und die beiden Bodenkanten schließen. Die Nahtzugaben knapp zurückschneiden.

5 Als nächstes Vorder- und Rückteil aus Stoff B an den Seitenkanten und der Unterkante r-a-r zusammennähen. An der Unterkante eine Wendeöffnung von ca. 10 cm offen lassen.

6 Anschließend die Bodenkanten nähen wie in Schritt 4 beschrieben.

SO WIRD'S GEMACHT

7 Jetzt das Taschenteil aus Stoff A und das Taschenteil aus Stoff B r-a-r aufeinanderheften und an der Umschlagkante und der Vorderkante zusammennähen. Die Nahtzugaben knapp zurückschneiden und an den Ecken das Style Vil so knapp wie möglich einschneiden. Die Tasche wenden.

8 Die offene Kante am Innenfutter aus Stoff B knappkantig zusammennähen.

9 Den Druckknopf gemäß Markierung im Schnittmuster am Umschlag des Rückteils und am Vorderteil anbringen. Dabei die Herstelleranleitung beachten.

10 Zum Schluss das Innenfutter aus Stoff B etwas über die Kanten nach außen schieben, feststecken und mit schönen Handstichen absteppen, wie im Schnittmuster eingezeichnet. So wird an den Kanten eine hübsche Paspelwirkung erzielt.

BEAUTYCASE

SCHWIERIGKEITSGRAD 2

GRÖSSE
16 cm x 20 cm x 8 cm

MATERIAL
- Jersey in Geblümt (Stoff A),
  45 cm x 35 cm
- Jersey in Orange gesteppt
  (Stoff B), 45 cm x 35 cm
- Vlieseline H250, 45 cm x 70 cm
- Style Vil 10, 45 cm x 35 cm
- Reißverschluss in Silber,
  20 cm lang
- Textilsprühkleber

ZUSCHNITT
✂ Schnittteil: 2x Stoff A,
  2x Stoff B, 2x Style Vil,
  4x Vlieseline (jeweils
  im Stoffbruch)

NAHTZUGABEN
Im Schnittmuster ist bereits
1 cm NZG enthalten.

SCHNITTMUSTER-
BOGEN B

1 Die Vlieseline-Zuschnitte jeweils auf die linken Stoffseiten der Teile aus Stoff A und B bügeln.

2 Das Style Vil 10 auf der linken Stoffseite der Teile aus Stoff B mit Textilsprühkleber fixieren.

3 Die Teile aus Stoff B zusammen mit Style Vil 10 r-a-r heften und knappkantig die Seitenkanten und die Unterkante zusammennähen. Die Nahtzugaben des Style Vil 10 knapp zurückschneiden.

4 Für die Bodenkanten jeweils die Seitennaht und die untere Naht aufeinandertreffend r-a-r zusammenheften und die beiden Bodenkanten schließen. Die Nahtzugaben knapp zurückschneiden.

5 Die Teile aus Stoff B r-a-r an den Seitenkanten und der Unterkante zusammennähen. An der Unterkante eine Wendeöffnung von ca. 10 cm offen lassen.

SO WIRD'S GEMACHT

6 Anschließend die Bodenkanten nähen wie in Schritt 4 beschrieben.

7 Den Reißverschluss r-a-r jeweils an die beiden Seiten der Taschenöffnung des Teils aus Stoff B mit Styl Vil nähen.

8 Jeweils die entsprechenden Seiten des Teils aus Stoff A der Taschenöffnung r-a-r auf den Reißverschluss heften und knappkantig absteppen.

9 Die Tasche wenden und die Wendeöffnung knappkantig zunähen.

BEUTEL

SCHWIERIGKEITSGRAD 1

GRÖSSE
30 cm x 30 cm

MATERIAL
- Jersey mit Kaktusdruck (Stoff A), 30 cm x 30 cm
- Jersey in Grün (Stoff B), 30 cm x 30 cm
- Gummikordel in Rosa, ø 2 mm, 60 cm lang
- Kordelstopper in Transparent
- 2 Metallösen brüniert, ø 5 mm
- Vlieseline oder Decovil light zur Verstärkung der Ösen, ca. 3 cm x 1 cm
- passendes Nähgarn
- Werkeug zum Einschlagen der Ösen

ZUSCHNITT
✄ Schnittteil: 1x Stoff A und 1x Stoff B (jeweils im Stoffbruch)

NAHTZUGABEN
Im Schnittmuster ist bereits 1 cm NZG enthalten.

SCHNITTMUSTERBOGEN A

1 Die Schnittteile r-a-r legen und an Seitenkanten und Unterkante zusammenheften. Anschließend nähen, den Beutel wenden und die Nähte ausbügeln.

2 An den Stellen, wo gemäß Schnittmuster die Metallösen angebracht werden, auf die linke Stoffseite die Verstärkung aus Vlieseline oder Decovil aufbügeln.

3 Die Metallösen jeweils an die Teile aus Stoff A und B gegenüberliegend laut Herstelleranleitung anbringen.

4 Für den Tunnelzug die Beuteloberkante gemäß der Markierung im Schnittmuster l-a-l in den Umbruch legen und entlang der Stepplinie, bis auf eine Öffnung von ca. 2 cm, absteppen.

SO WIRD'S GEMACHT

5 Nun die Kordel mithilfe einer Sicherheitsnadel durch den Tunnelzug ziehen und die Enden jeweils durch eine Öse fädeln. Jeweils ein Kordelende durch ein Loch des Kordelstoppers ziehen. Beide Kordelenden miteinander verknoten und die Enden mit einem Feuerzeug etwas ansengen, um das Ausfransen zu verhindern.

6 Zum Schluss die Öffnung am Tunnelzug schließen.

VARIANTE

Um dem Beutel einen sportlichen Charakter zu geben, können Sie die beiden Beutelteile auch l-a-l legen und die Kante beim Zusammennähen mit einem elastischen Band einfassen.

GROSSE RESTE, GROSSE PROJEKTE

FÜR KLEIDER, SHIRTS & CO.

SKINNY MINI

SCHWIERIGKEITSGRAD 2

GRÖSSE
S/M/L/XL

MATERIAL
- Jersey in Creme-curryfarben diagonal gestreift (Stoff A), 64 cm x 54 cm (S/M), 69 cm x 59 cm (L/XL)
- Jersey in Graumelange (Stoff B), 64 cm x 54 cm (S/M), 69 cm x 59 cm (L/XL)
- Bündchenstoff in Graumelange (Schlauchware), 30 cm (S-M), 60 cm (L-XL)
- passendes Nähgarn

ZUSCHNITT
- ✂ Vorderteil: 1x Stoff A (im Stoffbruch)
- ✂ Rückteil: 1x Stoff B (im Stoffbruch)
- ✂ Bündchenstoff (S-M): l-a-l im Schlauch in den Umbruch legen
- ✂ Bündchenstoff (L): 2x 40 cm x 30 cm
- ✂ Bündchenstoff (XL): 2x 45 cm x 30 cm

NAHTZUGABEN
Im Schnittmuster ist bereits 1 cm NZG und 2,5 cm Saumzugabe enthalten.

SCHNITTMUSTERBOGEN A

1 Das Vorderteil aus Stoff A und das Rückteil aus Stoff B r-a-r legen, die Seitennähte zusammenheften und schließen.

2 Nun die Saumkante ca. 2,5 cm nach links umbügeln und den Saum entweder mit einer Covernaht oder mit der Zwillingsnadel nähen.

3 Am Bundteil und an der oberen Kante des Rocks vier Scheitelpunkte (vordere und hintere Mitte, Seitennähte) markieren.

4 Den Bund (l-a-l im Umbruch) r-a-r an die obere Kante des Rocks heften, dabei zuerst jeweils die vier Scheitelpunkte aufeinander fixieren. Anschließend an den vier Scheitelpunkten die Lagen mit einem Steppstich festnähen, damit beim Zusammennähen danach nichts verrutscht.

SO WIRD'S GEMACHT

5 Für die Größen L und XL die beiden Bündchenzuschnitte r-a-r legen und an den Seitenkanten zusammennähen. Dann l-a-l in den Umbruch legen und weiter verarbeiten wie in Schritt 4 beschrieben.

6 Zum Schluss den Bund unter gleichmäßigem Ziehen von Bund und oberer Rockkante annähen.

VARIANTE

Der Rock wirkt noch bunter, wenn Sie das Vorderteil aus zwei verschiedenen Stoffen zusammensetzen. Das Vorderteil hat dann eine Mittelnaht.

MiX 'N' MATCH

((Material-Verbrauch größere Größen nach Gradierung nach-roichen))

SCHWIERIGKEITSGRAD 2

GRÖSSE

S/M/L/XL

MATERIAL

- Viskose-Jersey in Grau mit blauen Punkten (Stoff A), 70 cm x 70 cm (S/M)/80 cm x 80 cm (L/XL)
- Viskose-Jersey in Blau (Stoff B), 70 cm x 60 cm (S/M)/ 80 cm x 70 cm (L/XL)
- passendes Nähgarn

ZUSCHNITT

- ✂ Vorderteil: 1x Stoff A (im Stoffbruch)
- ✂ Rückenteil: 1x Stoff B (im Stoffbruch)
- ✂ Versäuberungsstreifen: 2x 50 cm x 3 cm, 1x 70 cm x 3 cm aus Stoff A

NAHTZUGABEN

Selten- und Schulternähte mit 1 cm NZG zuschneiden. Am Saum mit einer Saumzugabe von 4 cm zuschneiden. Ausschnitte ohne NZG zuschneiden.

SCHNITTMUSTERBOGEN B

1 Die Jerseystreifen längs zur Hälfte l-a-l falten und bügeln.

2 Die Schulternähte und Seitennähte schließen.

3 An einer der Schulternähte beginnend den längeren doppelten Jerseystreifen mit der offenen Kante entlang der rechten Seite der Halsausschnittkante leicht gedehnt feststecken und annähen. Anfang und Ende des Streifens etwas überlappen. Die Nahtzugabe nach innen legen und bügeln.

4 V-Ausschnitt (untere Spitze des V ausformen): Das Shirt auf links drehen und an der vorderen Mitte entlang falten. Der Jerseystreifen steht oben etwas ab und ragt über die Bruchlinie hinaus. In der Verlängerung der vorderen Mitte (Bruchlinie) zusammenstecken und mit einem Geradstich zusammennähen, wie in der Skizze gezeigt:

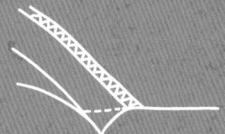

SO WiRD'S GEMACHT

5 Die kürzeren Jerseystreifen an den Armausschnitten ebenso annähen wie in Schritt 3 für den Halsausschnitt beschrieben.

6 Alle Nahtzugaben nach innen legen und bügeln.

7 Die Saumkante des Tops 4 cm nach innen einschlagen und bügeln.

8 Zum Schluss die Ausschnittkanten und den Saum mit einer Zwillingsnadel absteppen.

PUNKTLANDUNG

SCHWIERIGKEITSGRAD 2

GRÖSSE
S/M/L/XL

MATERIAL
- Jersey in Rosa mit großen bunten Punkten (Stoff A), 35 cm x 100 cm (S/M), 40 cm x 105 cm (L/XL)
- Sweatshirtstoff Slub in Dunkelblau-creme (Stoff B), 45 cm x 100 cm (S/M), 50 cm x 105 cm (L/XL)
- Jersey in Dunkelblau (Stoff C), 65 cm x 50 cm (S/M), 70 cm x 55 cm (L/XL)
- passendes Nähgarn

ZUSCHNITT
- ✂ Oberes Vorder- und Rückenteil: je 1x Stoff A (im Stoffbruch)
- ✂ Unteres Vorder- und Rückenteil: je 1x Stoff B (im Stoffbruch)
- ✂ Ärmel: 2x Stoff C
- ✂ Bund für Halsausschnitt: 1x Stoff B, 50 cm x 10 cm

NAHTZUGABEN
Im Schnittmuster ist bereits 1 cm NZG enthalten.

SCHNITTMUSTERBOGEN A + B

1 Zuerst das obere und untere Vorderteil r-a-r zusammenheften und nähen. Die Naht ausbügeln.

2 Anschließend das obere und untere Rückteil r-a-r zusammenheften und nähen. Die Naht ebenfalls ausbügeln.

3 Die Ärmel gemäß Markierung im Schnittmuster r-a-r an Vorder- und Rückteil heften und annähen. Die Raglannaht ausbügeln.

4 Nun die Seitennähte und Ärmelnähte r-a-r zusammenheften und schließen. Die Nähte ausbügeln.

5 Als nächstes die kurzen Kanten des Zuschnitts aus Stoff A für den Bund am Halsausschnitt l-a-l heften und zusammennähen. Das Teil mit der linken Stoffseite nach außen zeigend in den Umbruch legen, sodass ein 5 cm breites Bündchen für den Halsausschnitt entsteht.

6 Die Naht des Bündchens r-a-r an die hintere Mitte des Halsausschnitts legen und den Bund dann ringsum gleichmäßig am Halsausschnitt festheften. Annähen.

SO WIRD'S GEMACHT

7 Nun die Saumkante des Shirts mit kleinen Zickzackstichen versäubern. An den Seitennähten den Saum zweimal ca. 1 cm umschlagen und mit Handstichen an der Seitennaht festnähen. Den Saum nach außen rollen lassen und auch an der vorderen und hinteren Mitte den Saum mit Handstichen fixieren.

8 Die Ärmelkanten ebenso zweimal ca. 1 cm umschlagen, etwas einrollen lassen und jeweils an der Seitennaht und der Schultermitte mit ein paar Handstichen fixieren.

TIPP
Wenn Ihre Jerseyreste noch kleiner sind als die Schnittteile, unterteilen Sie die Schnittteile einfach nochmals mittig oder auch schräg.

STRAND & MEER

SCHWIERIGKEITSGRAD 2

GRÖSSE

S / M / L / XL

MATERIAL

• Jersey in Grün (Stoff A), 35 cm x 95 cm
  (S-L)/40 cm x 100 cm (XL)
• Jersey mit Zitronendruck (Stoff B),
  55 cm x 140 cm (S-L)/60 cm x 145 cm (XL)
• Jersey in Schwarz-weiß geringelt (Stoff C),
  30 cm x 80 cm (S-L)/35 cm x 85 cm (XL)
• Bündchenstoff in Schwarz-weiß geringelt,
  56 cm x 12 cm (S-L)/60 cm x 12 cm (XL)
• passendes Nähgarn

ZUSCHNITT

✂ Oberes Vorder- und Rückenteil:
  je 1x Stoff A (im Stoffbruch)

✂ Vorder- und Rückenteil: je 1x Stoff B
  (im Stoffbruch)

✂ Saumbesatz Vorder- und Rückenteil:
  je 1x Stoff C (im Stoffbruch)

✂ Bündchenstoff:
  1x Streifen à 56 cm x 6 cm (S-L)/
  58 cm x 6 cm (XL),
  2x Streifen à 39 cm x 6 cm (S-L)/
  41 cm x 6 cm (XL)

NAHTZUGABEN

Im Schnittmuster ist bereits 1 cm NZG
enthalten.

SCHNITTMUSTERBOGEN A + B

1 Die untere Kante des oberen Vorderteils aus Stoff A an die obere Kante des Vorderteils aus Stoff B r-a-r heften und zusammennähen.

2 Die untere Kante des oberen Rückenteils aus Stoff A an die obere Kante des Rückenteils aus Stoff B r-a-r heften und zusammennähen.

3 Nun beide Teile r-a-r heften und die Seiten- und Schulternähte zusammennähen.

4 Als nächstes den vorderen und hinteren Zuschnitt aus Stoff C für den Saumbesatz r-a-r heften und an den Seitennähten zusammennähen.

5 Den Besatz aus Stoff C r-a-r an die Saumkante von Vorder- und Rückenteil heften und annähen.

6 Den Saum mit einem kleinen engen Zickzackstich versäubern und etwas einrollen lassen.

SO WIRD'S GEMACHT

7 Den Bündchenzuschnitt à 56 cm x 6 cm an den kurzen Kanten r-a-r zusammenheften und zu einem Ring schließen. Entlang der Längskante l-a-l in den Umbruch legen und etwas bügeln.

8 Das Bündchen r-a-r an den Halsausschnitt heften. Die Naht des Bündchens liegt dabei an der hinteren Mitte des Halsausschnitts. Ebenso die vordere Mitte anheften und dann zwischen hinterer und vorderer Mitte beide Stoffe gleichmäßig beim Nähen ziehen.

9 Die beiden anderen Bündchenzuschnitte für die Armausschnitte ebenso an den kurzen Kanten jeweils zusammennähen und in den Umbruch legen wie in Schritt 7 beschrieben.

10 Die Naht des Bündchens an der Seitennaht beginnend r-a-r gleichmäßig an den jeweiligen Armausschnitt heften und anschließend festnähen.

MACH'S KURZ

SCHWIERIGKEITSGRAD 2

GRÖSSE

Mädchen-/Damenbolero
(Der Schnitt wird den Körpermaßen entsprechend der Schemazeichnung auf S. 70 adaptiert und
wird so passend für Groß und
Klein.)

MATERIAL

- Jersey in Rosa mit silbernen
  Sternen, 40 cm x 100 cm (Mäd-
  chenbolero)/50 cm x 140 cm
  (Damenbolero)
- passendes Nähgarn
- Zwillingsnadel

ZUSCHNITT

✂ Bolero 1x im doppelten
  Stoffbruch zuschneiden.
  Der Stoff wird doppelt ge-
  faltet, Strecke (1) und (5)
  liegen am Bruch (siehe
  Schemazeichnung Seite 70).

NAHTZUGABEN

Mit 1 cm NZG zuschneiden.

1 Nach der Schemazeichnung die entsprechenden Maße ermitteln und ein Schnittmuster anfertigen:
[1] die Hälfte der Strecke von Handgelenk bis Handgelenk plus 2 cm–3 cm
[2] die Hälfte des Handgelenkumfangs plus 2 cm
[3] ein Drittel von (1)
[4] ein Viertel des Brustumfangs plus 5 cm–10 cm
[5] 20 cm (Mädchenbolero) bis 25 cm (Damenbolero)

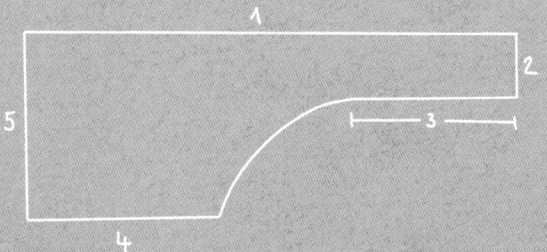

SO WIRD'S GEMACHT

2 Die Seiten- und Ärmelnähte, d. h. gemäß Schemazeichnung oben Strecke [3] plus die Rundung, r-a-r mit der Overlockmaschine oder einem elastischen Stich zusammennähen. Den Bolero anprobieren. Sollte er zu locker sitzen, die Seitennaht einige Zentimeter enger nähen.

3 Den oberen und unteren Saum sowie die Ärmelkantenp, nach Schemazeichnung entsprechend Strecke [2] und [4], umbügeln und mit der Zwillingsnadel absteppen.

TIPP
Die Säume können Sie auch mit einem elastischen Zierstich versäubern.

HIN UND HER

SCHWIERIGKEITSGRAD 2

GRÖSSE

86/92 – 98/104 – 110/116

MATERIAL

- Jersey in Rosa mit schwarzen Elefanten
  (Stoff A), 80 cm x 55 cm –
  90 cm x 60 cm – 100 cm x 65 cm
- Jersey in Rosa (Stoff B), 80 cm x 55 cm
  – 90 cm x 60 cm – 100 cm x 65 cm
- Jersey-Rest in Schwarz
- 2 Jersey-Druckknöpfe in Silber
- passendes Nähgarn
- Pappe

ZUSCHNITT

- ✂ Vorderteil: 1x Stoff A und 1x Stoff B
  (im Stoffbruch)
- ✂ Rückenteil: 1x Stoff A und 1x Stoff B
  (im Stoffbruch)
- ✂ Tasche: 2x Jersey in Schwarz, Rest

NAHTZUGABEN

Mit 1 cm NZG zuschneiden, am Saum
mit 2 cm. Style Vil 10 am Saum mit einer
Saumzugabe von 2 cm zuschneiden.

SCHNITTMUSTERBOGEN B

1 Eine Pappschablone des Taschenbeutel-Schnittmusters anfertigen.

2 Die Nahtzugabe an der oberen Tascheneingriffkante doppelt einschlagen, bügeln und mit einem elastischen Geradstich (oder einem anderen elastischen Stich) absteppen.

3 Die Nahtzugabe der Taschenrundung einkräuseln: Mit einem 5 mm langen Geradstich entlang der Rundung auf der Nahtzugabe nähen und die Fäden lang überstehen lassen. Die Tasche mit der rechten Seite auf das Bügelbrett legen, die Pappschablone auflegen, an den überstehenden Fäden ziehen, sodass sich die Nahtzugaben über die Schablone nach innen legen. Die Nahtzugabe bügeln und die Schablone entfernen.

4 Die Tasche auf die Kontrast-Stoffseite gemäß Markierung im Schnittmuster an die Taschenansatzlinie stecken und mit einem elastischen Geradstich festnähen.

5 Die Tunikateile aus Stoff A r-a-r legen und die Seitennähte schließen. Ebenso mit den Teilen aus Stoff B verfahren.

SO WiRD'S GEMACHT

6 Eine Tunika auf rechts wenden und in die auf links liegende Tunika schieben. Träger, Armausschnitte und Vorderteilausschnitt aufeinanderstecken und mit einem elastischen Geradstich zusammensteppen.

7 Die Nahtzugaben zurückschneiden und an den Rundungen Knipse in die Nahtzugabe schneiden, damit die Kanten später schön zu liegen kommen und die Nahtzugaben nicht auftragen. Die Tunika wenden, bügeln und optional schmal mit einem Zierstich absteppen.

8 Die Saumkante jeweils 2 cm nach innen einschlagen, bügeln und mit einer Zwillingsnadel feststeppen.

9 Die Druckknöpfe gemäß Markierung im Schnittmuster an den Trägern anbringen.

TiPPS
Verwenden Sie zum Annähen der Taschen einen Kantennähfuß.
Bei der gewendeten Tunika liegen die Träger innen. Achten Sie daher darauf, dass beim Einpressen der Druckknöpfe Ihre Lieblingsseite der Tunika außen ist.

SNOOD

SCHWIERIGKEITSGRAD 1

GRÖSSE

Umfang ca. 60 cm

MATERIAL

- Jersey in Natur mit Sternen (Stoff A), 40 cm x 80 cm
- Jersey in Dunkelblau (Stoff B), 40 cm x 80 cm
- Jersey in Hellblau (Stoff C), 7 cm x 80 cm
- passendes Nähgarn

ZUSCHNITT

- ✂ Schnittteil: 2x Stoff A, 2x Stoff B (im Stoffbruch)
- ✂ Fransenstreifen: 2x Stoff C, 7 cm x 40 cm

NAHTZUGABEN

Mit 1 cm NZG zuschneiden. Stoff C ohne NZG zuschneiden.

SCHNITTMUSTERBOGEN A

1 Jeweils Stoff A auf Stoff B r-a-r legen. Den Streifen aus Stoff C an der Unterseite dazwischen entlang der Rundung legen. Stoff C endet vor der Nahtzugabe von Stoff A und B. Die drei Stoffe mit einem elastischen Geradstich oder der Overlockmaschine zusammennähen.

2 Die oberen Kanten auch jeweils r-a-r zusammennähen.

3 Ein Teil auf rechts wenden und in das auf links liegende Teil schieben. Eine Seitennaht aufeinanderstecken und mit einem elastischen Geradstich zusammensteppen.

4 Die zweite Seitennaht ebenfalls aufeinanderstecken, aber beim Zusammennähen die Wendeöffnung in Stoff B offen lassen.

SO WIRD'S GEMACHT

5 Den Snood wenden und bügeln.

6 Für die Fransen Stoff C im Abstand von 1 cm bis kurz vor die Naht einschneiden.

7 Die Wendeöffnung von Hand schließen.

TIPP
Hochgezogen wärmt der Snood auch das Kinn, heruntergekrempelt ersetzt er einen Rollkragen.

WARMER HALS

SCHWIERIGKEITSGRAD 1

GRÖSSE
35 cm x 75 cm (für Kinder)

MATERIAL
- Jersey in Türkis-weiß mit Hahnentrittmuster (Stoff A), 75 cm x 40 cm
- Jersey in Türkis (Stoff B), 30 cm x 105 cm

ZUSCHNITT
- ✂ Schnittteil: 1x Stoff A (im Stoffbruch)
- ✂ Schnittteil: 2x Stoff B (nicht im Stoffbruch, aber an der Stoffbruchseite jeweils noch 1 cm Nahtzugabe dazugeben)

NAHTZUGABEN
Im Schnittmuster ist bereits 1 cm NZG enthalten (außer Schnittteile aus Stoff B, siehe Zuschnitt).

SCHNITTMUSTERBOGEN B

1 Die Zuschnitte aus Stoff B l-a-l heften und an der offenen „Stoffbruchkante" mit einem Kontrastgarn und einer Overlocknaht zusammennähen. Die Naht etwas ausbügeln.

2 Das Schnittteil aus Stoff A r-a-r auf die Teile aus Stoff B heften und rundherum zusammennähen. Dabei eine Wendeöffnung von ca. 5 cm offen lassen.

3 Die Nahtzugaben knappkantig zurückschneiden und das Dreieckstuch wenden. Die Nähte auseinanderbügeln und die Wendeöffnung mit Handstichen schließen.

SO WiRD'S GEMACHT

TiPP

Nähen Sie für einen fröhlich-verspielten Look in die Naht des Teils aus Stoff B eine Pompon- oder Fransenbordüre mit ein. Wenn Sie es lieber etwas geradliniger mögen, können Sie die Naht auch mit einem elastischen Band in einer Neonfarbe einfassen.

LOOP

SCHWIERIGKEITSGRAD 1

GRÖSSE

30 cm x 145 cm

MATERIAL

- Jersey in Geblümt (Stoff A),
  30 cm x 145 cm
- Jersey in Grau-rosa geringelt
  (Stoff B), 30 cm x 145 cm
- Pomponbordüre in Multicolor,
  145 cm
- passendes Nähgarn

ZUSCHNITT

- ✂ Stoff A: 30 cm x 145 cm
- ✂ Stoff B: 30 cm x 145 cm

NAHTZUGABEN

Im Zuschnitt ist bereits 1 cm NZG
enthalten.

1 Die Pomponbordüre r-a-r an eine Längsseite des Zuschnitts aus Stoff A heften, die Pompons zeigen zur Stoffmitte, und knappkantig annähen.

2 Nun den Zuschnitt aus Stoff B r-a-r auf das Teil mit Bordüre legen und an den Längskanten zusammenheften.

3 Die Längskante mit Pomponbordüre komplett zusammennähen. Die andere Längskante nur bis jeweils 5 cm vor Kantenende zusammennähen.

4 Den entstandenen Schal wenden und Nähte etwas auseinanderbügeln.

SO WiRD'S GEMACHT

5 Jetzt die kurzen Kanten r-a-r zusammenheften und zusammennähen. Darauf achten, dass die Enden der Längsnaht aufeinandertreffen.

6 Zum Schluss die noch offene Wendeöffnung mit Handstichen schließen.

VARIANTE

Anstatt der Pomponbordüre können Sie auch verschieden lange Bündchenreste nacheinander in die Naht einnähen.

HAIRLICH!

SCHWIERIGKEITSGRAD 2

GRÖSSE

Umfang ca. 57 cn

MATERIAL

- Jersey in Dunkelblau-weiß geringelt (Stoff A), 59 cm x 15 cm
- Jersey in Bunt gepunktet (Stoff B), 59 cm x 15 cm
- passendes Nähgarn

ZUSCHNITT

- ✂ Stoff A: 1x 59 cm x 15 cm
- ✂ Stoff B: 1x 59 cm x 15 cm

NAHTZUGABEN

Im Zuschnitt ist bereits 1 cm NZG enthalten.

1 Beide Stoffstreifen jeweils entlang der Längskante r-a-r in den Umbruch legen, zusammenheften und die Kante zusammennähen. Beide Teile wenden und ausbügeln, sodass die Naht jeweils an der Seitenkante liegt.

2 Das Teil aus Stoff B mittig umschlagen, die beiden offenen Kanten zusammenheften und nähen. Hier liegen jetzt vier Stofflagen übereinander.

3 Den Streifen aus Stoff A so durch den Ring aus Stoff B ziehen, dass eine Art „Knoten" durch beide Teile entsteht.

SO WIRD'S GEMACHT

4 Das zusammengenähte Ende des Rings aus Stoff B zwischen die beiden Enden des Streifens aus Stoff A r-a-r heften und zusammennähen.

5 Anschließend das Haarband so auseinanderziehen, dass die Naht von Stoff B zwischen Stoff A verschwindet. Zum Schluss die Nahtzugaben mit Handstichen an den Kanten fixieren.

BANDANA

SCHWIERIGKEITSGRAD 2

GRÖSSE

Umfang ca. 55 cm

MATERIAL

- Viskosejersey in Blau-weiß getupft, 40 cm x 40 cm
- Gummiband, 20 cm lang, 3 cm breit
- passendes Nähgarn

ZUSCHNITT

- ✂ Teil 1: 1x Viskosejersey
- ✂ Teil 2: 1x Viskosejersey

NAHTZUGABEN

Im Schnittmuster ist bereits 1 cm NZG enthalten.

SCHNITTMUSTERBOGEN B

1 Teil 2 an den Längskanten r-a-r heften und zusammennähen, wenden und das Gummiband durchziehen.

2 Das Gummiband zuerst an einem Ende gemäß der Markierung im Schnittteil in den Stofftunnel einnähen. Dann den Stofftunnel so weit zusammenraffen, bis das andere Ende des Gummibands gemäß Schnittteil eingenäht werden kann.

3 Nun die Längskanten von Teil 1 r-a-r heften und bis auf eine Wendeöffnung von ca. 5 cm zusammennähen. Das Teil noch nicht wenden!

4 Als nächstes die Seitenkanten einhalten bis auf ca. 8 cm Umfang (ergibt im Stoffbruch 4 cm).

SO WIRD'S GEMACHT

5 Jetzt Teil 1 mit Gummiband durch die Wendeöffnung von Teil 2 schieben und die Enden gemäß Schnittteil 2 zwischen die offenen Kanten schieben, zusammenheften und annähen.

6 Abschließend das Haarband wenden und die Öffnung mit Handstichen schließen.

TRiCOLOR

SCHWIERIGKEITSGRAD 2

GRÖSSE
50 cm x 60 cm

MATERIAL
- Jersey in Graumelange gesteppt (Stoff A), 52 cm x 62 cm
- Jersey in Graumelange (Stoff B), 52 cm x 30 cm
- Jersey in Rot (Stoff C), 52 cm x 37 cm
- Bündchenstoff in Blau-weiß geringelt (Stoff D), 50 cm x 6 cm
- Bündchenstoff in Blau (Stoff E), 50 cm x 6 cm
- Sweatshirtstoff Slub (Stoff F), 50 cm x 6 cm
- Kisseninlet 50 cm x 60 cm
- passendes Nähgarn

ZUSCHNITT
- ✂ Stoff A: 1x 52 cm x 62 cm
- ✂ Stoff B: 1x 52 cm x 30 cm
- ✂ Stoff C: 1x 52 cm x 37 cm
- ✂ Stoff D: 1x 50 cm x 6 cm
- ✂ Stoff E: 1x 50 cm x 6 cm
- ✂ Stoff F: 1x 50 cm x 6 cm

NAHTZUGABEN
Im Zuschnitt ist bereits 1 cm NZG enthalten.

SCHEMASKIZZE
SCHNITTMUSTERBOGEN A

1 Den Bündchenstreifen aus Stoff D l-a-l entlang der Längskante in den Umbruch legen, sodass ein Bündchen mit 3 cm Breite entsteht. Dieses wird r-a-r an die Längskante des Jerseyteils aus Stoff B genäht. Dabei das Bündchen gedehnt annähen, damit es auf die Länge des Jerseyteils passt. Das Bündchen ist ca. 2 cm kürzer zugeschnitten als die Kante des Jerseyteils, weil das Bündchen sich nach dem Nähen etwas straffen und zusammenziehen soll, um die Kissenöffnung „zu schließen".

2 Nun das Schnittteil aus Stoff C mit der Längskante soweit unter das Bündchen-Stoff B-Teil schieben, dass eine Gesamtbreite der beiden Teile von 62 cm entsteht. Dort, wo sich die beiden Lagen überlappen, die Außenkanten der Stoffteile zusammennähen.

3 Als nächstes den Bündchenstreifen aus Stoff E r-a-r mit der Längskante in den Umbruch legen, die kurzen Kanten zusammennähen, wenden und bügeln.

SO WiRD'S GEMACHT

4 Schritt 3 mit dem Streifen aus Stoff F wiederholen.

5 An die beiden kurzen Kanten des Jerseyteils aus Stoff A jeweils r-a-r die Bündchen aus Stoff E und Stoff F heften. Darauf achten, dass die kurzen Kanten der Bündchen ca. 1 cm vor den Längskanten des Jerseyteils aus Stoff A enden. Die geschlossenen Kanten der Bündchen zeigen beim Annähen zur Kissenmitte hin.

6 Das Kissenteil aus Stoff B und C (das mit der Öffnung und dem Ringelbündchen) r-a-r auf das Jerseyteil aus Stoff A (mit den zwei Bündchen) heften und zusammennähen. Die entstandene Kissenhülle wenden und das Kisseninlet einziehen.

TiPP

Mit diesem Projekt lassen sich hervorragend Bündchenreste verarbeiten. Wenn Ihre Reste noch kleiner sind, nähen Sie einfach kleinere Kissen.

PLAiD

SCHWIERIGKEITSGRAD 1

GRÖSSE

160 cm x 200 cm

MATERIAL

- Sweatshirtstoff mit Sternendruck (Stoff A), 42 cm x 126 cm
- Sweatshirtstoff mit Comicdruck (Stoff B), 42 cm x 84 cm
- Sweatshirtstoff in Hellgrau melange (Stoff C), 42 cm x 84 cm
- Sweatshirtstoff in Dunkelgrau melange (Stoff D), 42 cm x 84 cm
- Sweatshirtstoff in Rot melange (Stoff E), 42 cm x 84 cm
- Sweatshirtstoff in Türkis melange (Stoff F), 42 cm x 84 cm
- Sweatshirtstoff in Creme (Stoff G), 42 cm x 126 cm
- Sweatshirtstoff in Türkis (Stoff H), 42 cm x 42 cm
- Sweatshirtstoff in Rot (Stoff I), 42 cm x 84 cm
- Sweatshirtstoff in Hellgrau (Stoff J), 42 cm x 42 cm
- passendes Nähgarn

ZUSCHNITT

- ✂ Stoff A: 2x 42 cm x 42 cm, 2x 42 cm x 22 cm
- ✂ Stoff B: 2x 42 cm x 42 cm
- ✂ Stoff C: 1x 42 cm x 42 cm, 2x 42 cm x 22 cm
- ✂ Stoff D: 4x 42 cm x 22 cm
- ✂ Stoff E: 1x 42 cm x 42 cm, 2x 42 cm x 22 cm
- ✂ Stoff F: 2x 42 cm x 42 cm
- ✂ Stoff G: 2x 42 cm x 42 cm, 2x 42 cm x 22 cm
- ✂ Stoff H: 2x 42 cm x 22 cm
- ✂ Stoff I: 4x 42 cm x 22 cm
- ✂ Stoff J: 2x 42 cm x 22 cm

NAHTZUGABEN

Im Zuschnitt ist bereits 1 cm NZG enthalten.

SCHEMASKIZZE SCHNITTMUSTERBOGEN A

1 Gemäß Skizze für die jeweiligen Reihen 1-5 die Teile nacheinander zusammenheften und nähen. Alle Nähte ausbügeln.

2 Danach Reihe für Reihe r-a-r zusammenheften. Dabei darauf achten, dass die Nähte zwischen den Quadraten/Rechtecken exakt aufeinanderstoßen, und zusammennähen.

3 Zum Schluss die Kanten der Decke rundherum mit Zickzackstichen versäubern oder mit der Overlock abketteln und alle Nähte zwischen den Reihen ausbügeln.

SO WiRD'S GEMACHT

TiPPS

Die Quadrate oder Längszuschnitte können auch nochmals halbiert werden, je nach Größe der Stoffreste. Zusammensteppen können Sie die einzelnen Teile mit der Overlock oder auch mit Zickzackstichen. Die Nähte auf der Fleecerückseite verleihen der Patchworkdecke in jedem Fall das gewisse Etwas.

Nehmen Sie zum Nähen unbedingt Sweatshirtstoff mit einer Fleecerückseite, damit die Decke schön kuschelig wird!

ABKÜRZUNGEN

In den Anleitungen werden folgende Abkürzungen verwendet:

r-a-r = rechts auf rechts

l-a-l = links auf links

NZG = Nahtzugabe

GRÖSSEN

Für die Damenmodelle Rock, Raglanshirt, Viskose-Top und Strandkleid sowie die Mädchen-Wendetunika richten sich die im Schnittmusterbogen abgebildeten Größen S–XL bzw. 86–116 nach den hier angegebenen Körpermaßen (in cm):

GRÖSSENTABELLE DAMEN

GRÖSSE	S	M	L	XL
Körperhöhe	167,6	168	168,5	169
Brustumfang	85	88	92	96
Taille	69	72	76	80
Hüftumfang	94	97	101	105

GRÖSSENTABELLE MÄDCHEN

GRÖSSE	86	92	98	104	110	116
Brustumfang	51,5	53	54,5	56	57,5	59
Taille	50	51	52	53	54	55
Hüftumfang	53	55	57	59	61	63

Eva Scharnowski saß bereits mit fünf Jahren an der Nähmaschine ihrer Mutter und nähte damals schon die ersten Röckchen für sich und ihre Puppen. Seit dieser Zeit ist die Leidenschaft zu Stoffen und zu ihrer Nähmaschine ungebrochen. Folgerichtig absolvierte sie dann auch eine Ausbildung zur Kunsthändlerin und studierte anschließend Textildesign an der FH Reutlingen. Ihre Gestaltungskraft fand Ausdruck in ihren Tätigkeiten als Designerin für Tisch- und Frottierwäsche, Deko-, Bekleidungs- und Automobilstoffen.

Susanne Wicke wohnt mit ihrem Mann und ihren vier Kindern in der Nähe von Frankfurt am Main. Schon immer kreativ tätig gewesen, probiert sie gern verschiedene Basteltechniken aus. Ob genäht, gestickt, gebastelt, geknüpft, geflochten, gefaltet, geknetet oder gegossen – Hauptsache, es ist handgemacht. Kein Material ist vor ihr sicher, vieles wird recycelt, verändert und zu neuem Leben erweckt. Ihre Ideen sind auch auf ihrem Blog (www.villawicke.blogspot.de) zu finden.

Wir danken der Firma Swafing GmbH für die Unterstützung bei diesem Buch.

Hilfestellung zu allen Fragen, die Anleitungen, Materialien und Kreativbücher betreffen: Frau Erika Noll berät Sie. Rufen Sie an: 05052/911858*   *normale Telefongebühren

MODELLE: Eva Scharnowski (Seiten 24-29, 39-53, 56-58, 62-67, 77-94); Susanne Wicke (Seiten 6-21, 30-38, 59-61, 68-76)

FOTOS: frechverlag GmbH, 70499 Stuttgart; lichtpunkt, Michael Ruder, Stuttgart

PRODUKTMANAGEMENT: Lisa-Marie Weigel

LEKTORAT: Anja Fuhrmann, Berlin

GESTALTUNG: Petra Theilfarth

DRUCK: Finidr s.r.o., Tschechische Republik

Materialangaben und Arbeitshinweise in diesem Buch wurden von den Autorinnen und den Mitarbeitern des Verlags sorgfältig geprüft. Eine Garantie wird jedoch nicht übernommen. Autorinnen und Verlag können für eventuell auftretende Fehler oder Schäden nicht haftbar gemacht werden. Das Werk und die darin gezeigten Modelle sind urheberrechtlich geschützt. Die Vervielfältigung und Verbreitung ist, außer für private, nicht kommerzielle Zwecke, untersagt und wird zivil- und strafrechtlich verfolgt. Dies gilt insbesondere für eine Verbreitung des Werkes durch Fotokopien, Film, Funk und Fernsehen, elektronische Medien und Internet sowie für eine gewerbliche Nutzung der gezeigten Modelle. Bei Verwendung im Unterricht und in Kursen ist auf dieses Buch hinzuweisen.

1. Auflage 2018

© 2018 frechverlag GmbH, Turbinenstraße 7, 70499 Stuttgart

ISBN 978-3-7724-8126-0 · Best.-Nr. 8126